tona

igor mo

tona

Copyright © 2020 Igor Mo
Tona © Editora Reformatório

Editores
Marcelo Nocelli
Rennan Martens

Revisão:
Igor Mo
Marcelo Nocelli

Design e editoração eletrônica
Karina Tenório

Dados Internacionais de Catalogação na Publicação (CIP)
Bibliotecária Juliana Farias Motta CRB7/5880

Mo, Igor.
    Tona / Igor Mo. – São Paulo: Reformatório, 2020.
    84 p.: il.; 14x21 cm.

    ISBN: 978-65-88091-00-5

    1. Poesia brasileira. I. Título: romance.

M687t   CDD B869.1

Índice para catálogo sistemático:
1. Poesia brasileira

Todos os direitos desta edição reservados à:

Editora Reformatório
www.reformatorio.com.br

Sumário

um nano-grato-segundo
11 A curva do meu g
12 diário de bordo
13 *qualquer coisa que me aprazificasse*
14 amigos do sol
15 teoria, uma relatividade
17 alguma coisa maior que o vício
19 Lambendo brisa
20 *ele fez uma colagem a partir da minha silhueta*
21 marca na parede
23 *Somos uma família de 19 loucos*
24 *macarrão ainda te deixa de pau duro*

sex/trip
29 história em quadrinhos
30 for all the pretty boys on my mind
32 homem-bosta vol. 06
34 *Ela sua*
35 Antídoto
37 *ele sempre tira sangue de mim*

38 *eu abolvi qualquer exageiro que o olho insistiu*
39 Marlboro Light
40 geopolítica
41 contraplongé
42 *o alarme (cumpriu seu papel e) tocou*
43 *eu fui empurrando a felicidade para mais tarde*
44 abre-te, César
46 *o que melhor poderia ser desenhado*
47 tourácico
48 pira sisconde
50 mania
52 *eu queria sair da loteria*
53 cientista aplicado
55 *Passei na frente do seu prédio*
56 *grandes provas de amor*
57 Obsessão
59 him
60 *Quem sou eu neste corpo?... /*
    O espaço é composto por nove dimensões
61 fica onde estava
62 *Ela me ligou e disse: é você*
63 *a mancha de molho de tomate no azulejo da cozinha*
64 *Me encanta la idea de fumarte*
65 um nome mais secreto
67 trovão

69 À toa
70 EXT. CIDADE DO INTERIOR. NOITE
71 infinito rumor
72 *aconteceu que*

o que me deu
75 *o último sol*
76 Cinza, a cor mais fria
78 *um helicóptero*
80 *Acordei deitado no gramado*
81 Uma última coisinha
82 o que me deu, sr. duchamp

um nano-grato-segundo

A curva do meu g

Acaba sendo uma via extremamente labiríntica, essa em que eu me meti, a partir do justo instante em que me percebo nela – e em todos os momentos a partir daí. Mas nada é penoso nesse perceber. O tempo, o ser. E o que quer que se deseja propor flui muito mais agora. Flui apenas. É um deságüe em si mesmo, possível a partir de tudo o que já foi pensado em uma existência humana. Na *sua* existência humana. É neste momento que ele tem certeza que a vida dele virou um filme. Ou é um filme desde sempre. Recebeu uma carta nos dias de hoje, o telefone tocou estridente, o tempo correu em câmera lenta. Não sabia se alegre por finalmente chegar a este momento ou triste por já ter chegado a este mesmo momento tão aguardado antes. Estar e não estar. Transa, transe, trânsi-. Seguia por uma série de possibilidades, portas que davam em escadas. Tudo parecia ter uma cor forte e ainda assim um ar meio preto e branco. Ele se via metros à sua frente, subindo e descendo tais escadas, entrando e saindo por corredores, intensificando e não a velocidade do passo. Uma sétima dimensão, um sonho. Acabara de se dar conta que entrara na situação mais emocionante da qual pudera lembrar. E sempre soubera que chegaria a algum lugar assim. Essa sensação. A vida era um filme. Por fim.

diário de bordo

Pois é, aquele gozo não foi capaz de sonegar a melancolia de dentro do coração, bombeada pelo organismo de cima a baixo desde que o dia começou. Mas foi bom. Não o gozo, ou também o gozo, mas a melancolia ter ficado, o sentimento que persiste e se mostra sem códigos. O máximo de código que se permite um coração é um tum-tum tum-tum tum-tum insistente e fácil de decifrar. Oráculo morse: vida que segue. Parece qualquer coisa mas é só tristeza e vice-versa. A melancolia acaba tão bem aceita – serena – por causa dessa certeza de estar vivo que ela provoca. O tempo é de altos e baixos pra quem se pretende seguir assim: pedinte de futuro – e por que não? Estamos de olho. É o que importa.

qualquer coisa que me aprazificasse
a qualquer momento poderia vir à tona
de qualquer jeito, sob qualquer forma
à maneira daquela primeira que uma vez aconteceu;
uma coisa aprazível
e tudo de bom outra vez

amigos do sol

fique
não vá
fique
instale-se
espalhe-se
deite-se
caia-se se for preciso
mas todo dia apareça
todo dia fique
venha
apareça
e fique.

teoria, uma relatividade

não lembrava ao exato // só podia ter sido de repente
aquele sentimento // de novo
– i do wanna feel
like i did those days.

aquela mesma cor barrenta de fim de tarde chuvoso
o passado claro como o futuro
a espinha dorsal da vida terrena
a prova –
estamos à beira do que já estivemos outrora
somos incríveis antepassados
distantes de nós mesmos

pois pode esquecer:
tudo o que vai acontecer já foi, meu bem
Einstein explica
e ainda não   e já passou
e ainda não nasceu.

e se fugíssemos por dentro dos nossos sonhos?
a tal máquina maior que a natureza:
a única chance de entendermos tudo
a história do universo em nossas mãos, finalmente:
na hora de dormir
todos em suas camas e calçadas   combinados

os seres humanos em complô – boa noite, amores!
e fugimos da lógica vialacteana
juntos, a primeira vez.

e como se não bastasse
lá do outro lado, outra história // há que se pensar
em outra história!
a máquina sobrenatural deu certo
desgrudaríamos-nos? // tudo de novo?
Não,
por favor,
eu não quero sentir outra vez
como o fiz naqueles outros dias.

alguma coisa maior
que o vício

um micro arranhão de vida de passado de novidade
não demora pra fisgar a pele
fica
sem pensar direito vem e
fica
não é assim?
à tona por um nano-grato-segundo
ar-pelo-nariz
só depois que passa é que se dá conta que
passou
afasta os pensamentos pra longe
entra por um ouvido e sai por outro
há pouco tempo parecia impossível de novo
mas
aí
fica
impossível
– não dizer:
aumentou a vontade
um dia que prometia ser tranquilo // dando gostoso
tudo de si
acaba assim
aumentou a vontade

mudança de rumo
estando em apuros
sendo isso bom

Lambendo brisa

Resolvi seguir o meu amigo no seu novo projeto e comecei também a lamber o ar. Assim, o ar. Ele com a língua tesa, mexendo só a pontinha. A minha molinha inteira, deslizando no vento que ela tentava produzir, molhando o nada na minha frente. Eu no meu sofá, ele do dele. Nos momentos em que a solidão parece tão necessária quanto elementar você se sente mais livre, mais forte. É quando você se dá conta da maravilha que se é, do futuro bom logo depois, das possibilidades dançando ao seu redor. Eu gosto de me pensar assim, lambendo o ar numa tarde perdida de uma semana qualquer, lamber a brisa que me cerca, mostrar como nasci. Devagarinho.

A língua molinha, tão necessária, maravilha que se é, dançando ao seu redor.

ele fez uma colagem a partir da minha silhueta desenhada num papel branco em caneta bic vermelha. eu decidi ser reduzido a rabiscos que só alcançam a forma se vistos de cima e de longe, eu quis que o tete-a-tete não deixasse claro que sempre penso nas minhas formas. a fantasia é essa, eu todo posudo num canto de página qualquer dentre outras figuras de outros materiais sobreimpostas ou impostas a mim – ou eu sobreposto e imposto a elas. todos justapostos a todos. fingindo uma vida em 3D? não por mim, eu diria que não. a graça e a necessidade de qualquercoisa feliz por si mesma. mas sem perder de vista a vida além do seu próprio 2D, a silhueta rabiscada no papel é minha e, se nem cabelos exatos tem, sou eu sem tirar nem por, assim mesmo. a capa do meu disco traz essa colagem infantil de coisas que eu gosto.

marca na parede

Eu até já tinha falado
Seria uma marca na parede
o que diria –
o que diríamos? –
o que eu faria
pro teu completo entendimento;
pra tudo estar de boa de novo;
Uma marca na parede   e você entenderia

uma linha meio curva
não sei
um emaranhado de linhas e círculos rabiscados na parede
xis
um eu dizendo pra você
– não é assim

é assim

O que faria
fazer sentido agora
eu faria
um desmaio
um retardo
uma confusão

o homem todo em convulsão
uma catástrofe
um batom:

Somos uma família de 19 loucos. Chamo os que vão comigo, que me chamam pra ir com eles, pelo sobrenome, ou pelo nome, ou por um apelido se houver. Qualquer coisa pra deixar bem exposto o nosso grau de conexão, de parentesco. Não o nome junto do sobrenome, sério, protocolar, real. Somos íntimos na medula do que nos guia, sempre na mesma direção, à mesma desembocadura. Vocês que sabem do que estamos falando: somos vossos parentes e todos nós juntos herdamos dos nossos anteriores, aqueles do século retrasado e do tempo longínquo, da Grécia Antiga, a era dos macacos, a era dos dinossauros, a era das amebas, a era do vento. Estamos sempre por aí, espalhados, inseridos no que não devíamos ou merecíamos. Às vezes parece que estamos aumentando em número mas é pura ilusão de ótica. Somos e sempre fomos mais ou menos na mesma quantidade, fizeram as contas repetidamente e ficou comprovado. Somos ao todo 19, os loucos, e estamos aqui pra começar uma revolução nas almas do planeta.

macarrão ainda te deixa de pau duro
que te lembra o meu macarrão – que você não comeu.
um mês de carro longe de casa pelo nordeste
uma volta completa pelas montanhas(-russas)

o brasil, gostoso

era uma trip pelo brasil o que você queria
só queria saber de bom dia // de pau duro // de motelzinho
no fim do expediente
não largava por nada – o carro, uma
parte do corpo que fosse

imagina no meio da estrada

se mesmo aqui se gritava alto mesmo assim
dentro do drive-in

imagina no meio da estrada
sem roupa sem aliança meio do nada.

sextrip

andei olhando aqui o mapa do brasil

e vi que vou poder aceitar o convite
praquela sextrip

que você me chamou

;)

sex/trip

história em quadrinhos

me estico pra fora da cama
saio um pouco do edredom
busco o copo d'água que não está por ali
mas encontro nossa pegada
a camisinha usada
e lembro
do que há de melhor e mais horroroso em nós
homens

for all the pretty boys on my mind

pensei no dia em que fôssemos os meninos bonitos dos nossos passados. eu vi o menino mais bonito do dia e não me tornei ele de imediato. eu passava todos os dias na frente do espelho da padaria e me sabia não bonito outra vez.
eu era o que sempre fui.
eu ainda não era bonito.
eu via os meninos bonitos trepando e os sabia sem olheiras.
eu pensava em usar o corretivo da minha amiga pra disfarçar minhas olheiras de amanhã.
pensei mais uma vez que existe sim vida real separada da vida da ficção:
nos filmes pornô os rapazes mais bonitos não tinham olheiras.
eu me maquiava na vida real.

a todos os homens bonitos que eu já vi
– eu ainda vos admiro. é em vocês a minha encarnação mais duradoura.
não saber se quero ter ou ser vocês é sim um elogio.
a pena é sim um bom sentimento.

eu gosto sim de me ver assim. minha vida filme pornô.
quem quiser eternizar
que me siga
e me grave.

homem-bosta vol. 06

Façamos uma aposta
Se eu receber a resposta
daquela antiga proposta
e for sim
Você perde e não adianta
dizer que ainda me gosta
que tem sua contraproposta
vai provar que me suporta
sua vida sem mim é torta
e já destrancou a porta
ansioso pela minha volta
Já não me importa

Recuso o teu consórcio
Sem medo de remorso
Te deponho do posto de sócio
agora são minhas as horas de ócio
desfruto o prazer do divórcio
cansei desse seu negócio
de achar que ainda não posso
viver dentro do que é vosso
Ainda me cala quando roço
Quando meto, quando gozo
Pois, vê se posso?
Foi-se o óleo de peroba, moço!

Sei quando fracasso
não tenho coração de aço
eu digo não, eu agradeço, mas eu passo
e pra não causar mais estardalhaço
Já quase não falo
Em uma estrofe me calo

Tua mesa está posta
Assim se inventou a roda
Queria eu ser mosca atrás da porta
Pra ver tua cara de bosta
quando o amor, destino-traiçoeiro
vir aqui espantar o nevoeiro
Vais ver que tua roupa amarrota
e, meu amor, já não me importa
que fique com quem disso gosta
de homem-bosta que nem você
eu estou completamente – bora.

Ela sua
Ela surra
Ela surda

A sua língua

Em mim cai em bicas, meu amigo.

Antídoto

O escorpião me picou,
não cheguei a ver o veneno
mas sei
que entrou no meu corpo
algumas camadas abaixo da pele
no epicentro de mim
onde eu guardo o meu próprio
Veneno.
E ficou

Meu escorpião me picou e
nem imaginou ou se tocou que eu já fazia estoque
daquilo que ele me deu.
Ah se eu desse todo dia...
com a cara na porta
assim
sim
seria diferente e
talvez eu também acreditasse
mais no epicentro do meu corpo
menos na aura invisível campo de força quadridimensional
que dou o nome de
coração

Um escorpião me picou e
ai –
doeu.
foi a tatuagem que se manifestou:
a cauda balançou mesmo grudada na pele
e branca a pele da minha língua salivou...
O veneno dentro do bicho
não seca
nem evapora
e nem engravida
Ai –
de mim.

Me picou
Deixou
as roupas no chão pra eu dobrar
Mirou no alvo e
acertou:
cataploft bem no meio do olho do
      epicentro do meu
corpo
minha vida
Entrou veneno

Essa ele ganhou.
E nem perguntou meu
ascendente.

ele sempre tira sangue de mim
refaz a mesma trajetória no meu prédio
no meu apartamento
no meu quarto
quando vem
prefere sempre o mesmo
do jeito que a gente gosta
e tudo acabou virando sinfonia
cada vez uma orquestra diferente
mas a mesma
partitura
minha casa habitada
o acompanhante da vez.
ele virando bicho ainda que manso
nem fala quase e quando fala
sussurra ronrona rosna
bicho manso que lambe
expira e não assopra
tira sangue
homem é homem ainda que música ou poesia
ainda que manso é isso que ele vem buscar
sangue ainda que pouco

de quinze em quinze dias
mais ou menos

eu absolvi qualquer exagero que o olho insistiu em captar. foi o banho gelado no calor que me fez concentrar a força no simples de toda felicidade, eu acho. e qualquer barriga a mais, perna a menos, se misturou e acabou virando isso e aquilo bom demais, medida perfeita. o que fazer agora que meu corpo gosta do seu – mas meus amigos não?

Marlboro Light

Eu e minha prima conversando
sobre beijos com gosto de cigarro
Eu quero vomitar
Ela tem vontade de tirar a roupa.

Depois de (querer) passar de boca em boca, alguns anos depois, meu novo namorado me chega aqui. A boca molinha. Quase me derrubando a cadeira. A perna forçando. El espíritu volando. O que eu gosto/do jeito que eu gosto:
A boca sabendo a cigarro.
As bocas que sabem a cigarro
me fazem querer enlouquecer.
Mas hoje garanto: é só vontade de tirar a roupa.

geopolítica

os caras mais bonitos do mundo
bateram à minha porta – e chegaram pra ficar.
meu professor disse que não
ninguém bateu na dele
e riu. e ria.
mas aqui dentro do meu quarto sou levado
a pensar: nas nacionalidades
nas peculiaridades das nacionalidades
os eslovenos isso os brasileiros aquilo
meu professor não fazia aquilo
quando estava em depressão. na verdade
ele nem batia
e creio que por isso ele não esperava
que batessem à sua
também. a globalização não vai bater à nossa porta.
ele dizia.
mas hoje a globalização já ficou
para trás. quem diria.
e sou eu quem tem pressa: entrem sem bater. cheguem
para ficar. o melhor ensino é sempre o presencial.

contraplongé

posso aceitar que nunca serei sua
          menininha
vou ter que ser seu irmão mais novo
o amigo mais novo aquele sob tutela o que olha pra cima
olha pro lado com admiração
atenção
olhos muito abertos olhos semicerrados
eu vou ser a cabeça no peito posso usar boné
se quiser
podemos os dois tirar a camisa e por o cordão no peito
eu vou ser no máximo o menino tranquilo
sadio e vadio   que você quer por perto. eu
quero e aceito a barba feita e o peito talhado. eu
quero e aceito
os músculos da paixão. na medida
na média: a classe, a altura, a idade.

o alarme (cumpriu seu papel e) tocou
mas não gritou
cuco

tudo bem
talvez também seja falso
o nosso diamante.

eu fui empurrando a felicidade pra mais tarde como quem conta carneirinhos pra dormir. adiando a gozada pensando em outra coisa que não aquele sexo. cada estocada um carneirinho, eu fui empurrando a resolução pra depois. se flui feliz não me lembro. se nesse ano eu morri ano que vem eu não morro mais. faz tempo que eu me deixo flutuar com o corpo seguindo o velho rastro de comida. e de olhos fechados eu vou repetindo lento com um sorriso no rosto – não, não, não.

abre-te, César

amante de última hora
homem dos bons
dá
pra ser amante
dá até
pra casar

aparece aqui de última hora
encontro de máxima urgência
uma coisa que não dava pra adiar
homem
aperto de mãos
contrato de elefantes,
porra

meu amante de última categoria
o não e não
e olha no que me atrevo a pensar
você   pra casar!
homem de aliança no dedo
eu sou o outro
troca-troca de anéis
(o que é meu é seu) te dou
olha o que me atrevo a sonhar

não
você não é pra casar.
(já casou)

o que melhor poderia ser desenhado
começa a ser desenhado
pelo universo
um romance
you and me
o movimento do sol o sol me fazendo fechar
um dos olhos
o drama de uma mão tapando a face
(a face)
oferecer a outra face ao sol. um romance,
tórrida paixão no fim de tarde
sexta-feira
quarto de hotel com persiana – os riscos
de luz na parede. cinema. o tesão.
depois até chuva pela janela eu vi e ouvi
tórridos relâmpagos   os clarões
pus a mão pra fora já noite e não era
chuva
era só imaginação
pode ser reflexo da nova hora que chegou
a de chamar pra mim   o que meu é.
sempre amei a chuva   sempre amei o sol.

tourácico

queria traduzir aquele final
o som de quando terminou
meio caminhão estacionando meio touro cansado
ar-preso-saindo-de-uma-vez
o corpo guarda, acumula
e expulsa
se entrega.
ledo engano aceitar como fim porém.
logo me monta de novo
não larga o osso por nada – morde
dissolve a boca esperto
insiste   cutuca   lateja
não se contenta com pouco – sei bem como é
touro toureiro incansável
me convence – já sabe
essa ele ganhou: de novo.
bandeira vermelha que treme
parede que é tórax
fico sem saída – não importa

homem forte como eu sem medo

resisto de quatro.

pira sisconde

safado!
faz o que faz sorrindo
medo algum
taí um homem que eu respeito
em roma com os romanos, não é mesmo?
me rebaixo na terra dos baixos
me ressalto
en
fa
ti
zo
homem,
você sabe o que fazer!
vejo você e logo elaboro umas perguntas
o que é isso?
o que foi aquilo?
mal sei se fulano beltrano ou
Sicrano.
escondeu a foto da carteira de identidade
não disse o nome
mas preparou digna apresentação

que safado
fala que eu faço o que eu faço sorrindo
e gosta

poso de cabeça pra baixo
e o admiro

mania

é passada a hora de fazer um mea culpa
a verdade assalta o ar ao redor do meu corpo
e explode em bilhões de pontinhos
invisíveis a olho nu

sou adepto de todos os homens do mundo

dizem que o pensamento cria e que músicas se
realizam
são
nessas preces que eu acredito
e
foi bom demais pra ser verdade quando uma canção
me revelou:
hoje, lá pelas dez e meia
ia chover a píncaros deles
homens
aos montes, iam cair e se plantar na terra
pra nascer mais
e crescerem e subirem pelas paredes
pra quando estivessem lá em cima de novo
de novo caíssem
e de novo chovessem

nós aqui no meio da grande festa da mãe natureza e
que deus a abençoe.

mas nem todas as canções se tornam realidade, amigos
sem a ajuda de uma boa dança
um esforço maior se faz necessário então
levantem as cadeiras
preparem e apontem o fogo:
essa chuva há de cair
os movimentos são livres, tem que deixar fluir
não vai ser a primeira revolução a mudar a história
da humanidade
sem medo do novo acontecer
essa nossa mania de aderir a todos os homens do
mundo
ainda vai nos levar além

eu queria sair da loteria.
que o homem não corresse o risco de dar comigo
quando acertasse. eu não queria mais correr
o risco
eu me retirava do leilão e assim
relaxava. tava tudo bem a qualquer hora.
eu não sou mais o prêmio eu desço do pódium
vai ficar tudo aqui no chão
eu saí da loteria.
respirei de volta. minha face aquietou.
o meu código deixa de ser numérico
e qualquer barriga a mais
perna de menos
pode ser sempre bom demais. nada é eterno.
pois que passe batido a partir de hoje. sem engano:
sou muito orgulhoso tenho medo da bancarrota
eu tenho medo da desvalorização. especulação sexual
fiquei em casa me deixando desejar você
mas não era meu número aquele sábado. passei batido.
bati   e me acertei. eu decidi
me retiro da loteria estou fora do grande cardápio eu não
apareço mais nas paradas meus números zeraram.
a partir de agora
só as mais instantâneas imagens o que acontece aqui
fica aqui.

cientista aplicado

os homens precisam de uma prensa
de um gelo   por isso eu não vou responder
a mensagem dele
          de hoje de manhã
se ele não gosta de falar
eu não vou falar.
  tanta   tranquilidade
ao lidar
com esse
        homem
porque quanto mais se compartilha mais
você ganha
        homem vira bumerangue
vira biscoito. você solta
ele traz outros oito. e o peito
percebe que não quer contrair
(somente)
quer é relaxar-se release
me.
e a cada batida
pulsar mais frouxo sabendo que
está tudo certo com as palavras afinal
nós não temos medo delas. e ponto.
quem é maior que as palavras levanta
a mão

os homens é que
precisam de uma dura
de quem bote cada um deles
no devido lugar. eu gosto
eu acabei de entender com esse raio que caiu
na minha cabeça   (há pouco)
que eu gosto sim desse jeito frouxo de lidar
com os homens. eu gosto
de homem. mas tem que saber
gostar
      de homem. porque
eles precisam de um talento. de alguém
que bote cada um deles no devido
lugar.
ele vai ter que falar
ele vai abrir a geladeira e não vai me encontrar
aí ele vai abrir o berreiro e eu apoio: quem
não chora
não mama.

Passei na frente do seu prédio
pensei em parar
pedir uma xícara de açúcar
fiquei com medo de você não entender a metáfora
vir querendo adoçar o meu café
e continuar amargo

pois não uso açúcar

(nem tomo café)

grandes provas de amor
não sei se o meu signo
ascendente lua planetas vias lácteas a pingar
no momento
do meu nascimento as pequenas
mortes
ou só eu mesmo
mas eu preciso de g. p. d. a.mor
a foto eu preciso da foto lá
mostrada filtrada editada que seja
mas
lá
mostrada
colorificada
legendada e belamente
legendada
eu preciso da foto fixada fincada over-
postada. eu preciso da foto lá em cima
lá eu quero a foto lá no topo
no alto
perdida nada
encontrada
lá
no ponto mais alto
e mais certo
da sua linha, no seu tempo.

Obsessão

Nem queria ter começado
homem-bonito assim é um perigo
Se vem com bom dia, boa tarde, boa noite
já sei – lá vem.
Avança, fala em horóscopo,
grande amor nas suas previsões;
De onde vem tanta confiança?
Não, eu corrijo:
é amor suave o que estava escrito
(no metrô) (pra nós dois)
E completo: ainda bem, ainda melhor.
Não tenho medo de cara feia
seis outras vidas vivi
mas ele é água mole   e me fura.

Nem vi quando o tabuleiro virou
em um ou dois dias tive certeza:
Como você tá?
O que ele está fazendo?
Tô com saudade
Tenho pensado muito em você
Pego o celular, mando uma mensagem
fico meio louco, normal
Pego o celular e nada

Pego o celular e nada
Pego o celular

mando outra mensagem
uma canção
mas maria bethânia cantando tá combinado
não
é o que ele gosta. na resposta
repudia esses amores loucos   obsessivos
típicos de maria bethânia.

him

pra mim também veio falando de dentro de um eletrônico. mas não era eletrônica a natureza do dono da voz, ouvi de cara. me disse ao final que me esperaria amorosamente amanhã e eu, que nunca resisti a um homem me prometendo amor pra amanhã, me apaixonei pelo homem dono da voz do aplicativo de meditação. a nova cura. já vão dez dias de tentativas e, na aba do "meu progresso", o tamanho da minha dedicação – dez dias ininterruptos de um pequeno amor, dez dias seguidos de homeopáticos avanços mentais. ainda não será o caso de merecer um filme só meu pelo inusitado irreal e melancólico da minha paixão: mas prevejo um final feliz dessa vez. a vida aqui e agora no resultado da equação.
(não importa se você ama ele ou em caixa alta: E-L-E (...) porque você nasceu assim, meu amor)

Quem sou eu neste corpo?
Quem sou eu este corpo?
Sou eu   este corpo!
Em bilhões de anos
Fomos bilhões de corpos.

O   espaço   é   composto   por   nove   dimensões
Entre   a   minha   cabeça   e   o   meu
dedo   indicador   direito   existem
múltiplos   universos
A distância entre o meu pensamento e o papel
é   enorme
Fica   explicada   assim
A baixa qualidade dos meus escritos

fica onde estava

são muitos os intervalos esses que separam
eu di você
não é nada antes nem
depois
nébulas, nódoas, necas
me colocam em certa órbita
de letal realidade
mas nada páreo frente ao cosmos
meu deus mr. shuffle
guitarreia ácido e me dá de lambuja:
imaginou, imaginei
meus traços ganham a deriva
na lógica rarefeita que recompõe a mente
só de imaginar o que está por vir
meu corpo reinventa o amor.

Ela me ligou e disse: é você. Era eu, sou eu. Ela devia estar usando luvas, segurando o fone com as duas mãos, a boca no batom vermelho a certeza a alegria contida o fundo roxo o telefone vermelho o sussurro. Ela. Ou era eu que luvas usava e falava pausadamente alegre e contido em zoom na minha boca nas minhas luvas na minha certeza e receio de estar ali naquele fundo roxo segurando aquele fone vermelho, a boca esfumaçando vermelha: é você. Era eu, ela era. Alegre o fone foi direto ao peito. Meu. O rosto era pura alegria contida, era tela.

A era do batom vermelho, das luvas segurando o fone vermelho, a era do roxo. A era do meu. Ela era. É você.

a mancha de molho de tomate no azulejo da cozinha resolvi deixar. aquela coisa meio sangue espirrado na parede em filme de terror. foi a sua conversa de achar bonitas as marcas da minha catapora na cara, comecei a viajar. você deve ser do tipo que gosta de todo tipo de cicatriz que atrapalhe um rosto mais limpo e dentro do padrão bonito e saudável. pois a mancha agora fica. e eu tomo o maior cuidado pra não apagar nenhum ponto vermelho sequer na hora de passar o desengordurante.

Me encanta la idea de fumarte
la puta idea
de tenerte entre mis dedos
dos caladas a cada dos minutos
tu alma pasa por mi boca
cuello
pecho
hacia el agujero dentro de mí

y sale otra vez

lejos de la gente
en nuestro lío de locos
delante de la ventana
tú y yo
como si fuéramos pensamientos uno del otro
fumémonos uno al otro
una o dos caladas a cada tres o cuatro minutos

vaya vaina buena
que así
el humo
es casi
verdad.

um nome mais secreto

(para Adriana Calcanhotto)

você sabe que eu gosto
ou nesse plano maravilhoso
que se está formando agora
você sabe
e eu gosto
e eu sei
que você sabe

mas o que importa é que eu gosto
de você ser como é
e me lembrar de quem sou
de que os pseudo rebuscamentos que visito
e me encanto
e me acabo por virar aquilo
como se os fosse sempre   te apagam
e   inevitável
te subestimam
enquanto beleza
enquanto verdade
enquanto inevitável
artista, você é!
e que vergonha precisar dizê-lo
deveria ser óbvio
– é.

eu gosto desse olhar de tudo a ver
você do jeito exato que você é
surpresa me deparar vez em quando
que nem sempre o confirmo
nem sempre concordo
e como agradecimento
e perdão
aceito a sua proposta de um nome mais secreto
faço dela uma prece
fundo nela minha vida.

trovão

como fosse um assobio:
é bonito
a sua flauta sua música fumaça
mas não é ela que me traz a poesia
e a realidade – veja só.
é a sua respiração
esse seu hrã
de inspiração
de puxar o oxigênio pra dentro de si
é essa fraqueza sua necessidade
que me muda a órbita e trovoa a cabeça
o que me faz prestar atenção
e não me lembra que é música
ou a música vem da sua imperfeição
(perfeição humana)
tanto que os seus hrã viram refrão
e espero ouvinte pelos intervalos da sua smoking gun
despertando serpentes

zap! – você me acertou:
respirando
precisando de ar – ah, sim!
e aí você flautua, voa pra outra parte

também quero fazer música

mas me apego demais à respiração
a esses hrã
de inspiração

À toa

Se minha palavra não assegura (mais) nada
a ninguém
estou de acordo com meu tempo
O textocentrismo
já passou –
é o que dizem –
e se o processo agora é
horizontal
não faz mal e me deito
O corpo é natural do
colchão
nisso me esforço e no máximo
viro de lado
abraço o travesseiro
ponho o pé pra fora do
Lençol
eis o que de mais real existe em mim
eis a respiração pela barriga
Sem controle
Sem esforço
e sem sucesso.

EXT. CIDADE DO INTERIOR. NOITE

a lua virou holofote
sozinho eu brilhei no chão de concreto
o foco me seguia e tudo em volta ficava escuro

infinito rumor

silêncio no meu coração
o gato roliço ouriçado irritadiço ficou manso
gato, mia!
joga água no gato
mergulha o gato na água da pia
que história é essa que esse gato nunca foi
de ficar quieto
estável.
Pousa o silêncio no meu coração:
corre a vida num zumbido lento
fixa o momento em súbita lentidão
o sol na cozinha transborda em claridade de bomba
atômica
todas as coisas reais demais

os seres
os objetos
o gato mergulhado na pia

...

Silêncio no meu coração. Amém.

aconteceu que
foi ficando mais difícil chegar ao coração
e a música foi priorizando mais o grave
a batida ficando mais forte e assustadora
porque só assim conseguia deixar de pé o
ser humano de hoje
pode perceber o que anda acontecendo por aí
da ponta das unhas entrando pelos dedos as mãos e
os braços
as músicas têm chegado pelo grave
pro coração conseguir bater
e a gente dançar

o que me deu

o último sol
assim como tem o último frio tem também o último
sol

antes de acabar o inverno tem o último frio
antes do cinza o último sol

é muita poesia pra uma pessoa só
ou existe tanta poesia no mundo
pra ficar com uma só
tem que se viver muito
às vezes eu acho que eu vivo muito eu vivo demais
e às vezes – acho que não

Cinza, a cor mais fria

mais uma vez parecia impossível voltar à tona
sair do tédio
ver a pele palpitar insistente
e sem sentido

este sou eu agora
atingindo o máximo do nada //
vez ou outra ao longo do
dia
perdendo a linha e ganhando meros cantos de olho
– às vezes –
amplificando equívocos
qualquer coisa igual a tudo o que já se viu
nem um desenho diferente pra
ilustrar a própria história
este sou eu
agora

e só de pensar que tudo já aconteceu
as árvores da cidade postas pra queimar
Que voem pra bem longe os pássaros!
Eles nos perturbam! Não conseguimos dormir!
e quanto tempo faz?
tudo de volta outra vez, meu caro

que difícil iniciar um caminho desse jeito
este sou eu agora
mais uma vez impossível voltar à tona
sair do tédio
ver a pele palpitar insistente e sem sentido
perco a linha
ganho cantos de
olho

um helicóptero

apareceria agora no céu e

não pousaria

produziria vento e eu

abriria os braços e aos poucos

a boca o céu

azul o sol os óculos escuros apesar

de tudo tirar os óculos escuros num gesto

lento

e não abrir os olhos

e não sorrir

apenas abrir a boca em estado de

entrega

os braços dizendo me leva

os cabelos eu fico

mas vou

mas o corpo nem balança só os cabelos ao

vento

daquele moderno helicóptero

à minha frente.

Acordei deitado no gramado. Grande campo aberto verde-clarinho. Árvores só ao longe. Alguns bichos começaram a aparecer aos poucos, um cachorro, um gato, um porco. Todos caminhando com um jeito sereno de me olhar, de mover. Quase nos comunicávamos, naquele gramado, sob o sol. Pusemo-nos a andar, eu e meus bichos. Pássaros voavam baixo ao nosso redor. Caminhávamos em direção ao sol, também muito baixo e forte. Seguíamos devagar mas não solenes. O calor aumentando, os bichos parecendo sorrir. Eu também, do meu jeito. Seguimos. Houve um momento em que tudo foi ficando meio amarelo. A grama era amarela, os olhos dos bichos eram amarelos, o céu. O sol, mais que tudo. Olhei para trás: bichos amarelos a perder de vista. Deixei de enxergar no momento seguinte. Segui caminhando, seguimos. E antes de nos cansarmos, deixamos de existir. Não houve tempo para uma despedida formal. Entramos no sol, antes que fosse possível um tchau. Em algum ponto, tudo deve ter pegado fogo. Mas nada posso afirmar sobre o ocorrido: não existo desde então.

Uma última coisinha

Vou combinar com o sol uma
coisinha
Umas cinco da tarde
(quando der)
Vou filmar uma cena na estrada
pode ser o guarda parando o nosso carro
Sol brilhando ao fundo entre o céu e a terra
meio amarelo meio alaranjado
O guarda curva o corpo à janela
pergunta uma ou duas
coisinhas
Anota
Assina
Entrega

Contra a luz podemos ver:
é o direito de exibição de imagem
do sol

o que me deu, sr. duchamp

demorou um pouco pra eu ver o movimento
o seu
aquele descrito por você
é uma explosão – o que disseram?
explodi também em cores percebendo essa descida
uma coisa e depois a outra
sobreposição de miragens
a loucura
você

um **agradecimento especial** a:

Buca Massi, Fabrice Daury, Gabi Rassy, Ingrid Machado, Lucas Terribili, Maria de Jesus Cardoso da Cruz, Mônica Cruz, Rafael Costa, Ricardo Artur Arroio, Rodrigo Abou, Rui Poças, Tássia Rafaela Santos, Tayara Liz, Thaís Peixoto Noronha, Vinícius Carnier Colombini, Vitor Souza Lima, Vivian Valente Petri e Wilma Paixão.

e à minha primeira e única leitora, a tradução oficial de one and only, Carolina Lacerda.

Este livro foi composto em Sabon LT Std
e impresso em papel pólen bold 90 g/m²,
em agosto de 2020.